Herzensklänge

Von Frank Kralemann

Buchbeschreibung:

In diesen Seiten findest du Gedichte, die die Liebe feiern, die Trauer umarmen und den Alltag mit einem Augenzwinkern betrachten. Kurz gesagt, sie spiegeln all die Facetten des menschlichen Lebens wider, die uns alle bewegen.

Es ist, als würde ich dir eine Geschichte erzählen, die wir beide kennen. Eine Geschichte, die von den süßen und sauren Momenten des Lebens handelt, von den Träumen, die uns beflügeln, und den Herausforderungen, die uns wachsen lassen.Also, lass uns zusammen lachen, weinen und nachdenken, während du diese Gedichte liest. Denn dieses Buch ist für dich, mein lieber Freund, geschrieben.

Über den Autor:

Frank Kralemann schreibt seit 2007 Bücher.Er wohnt in der Nähe des Teutoburger Waldes. Er mag die Poesie und die Sprache der Liebe. Frank Kralemann ist Vater und Großvater.

Herzensklänge

Gedichte vom Leben und Lieben

von Frank Kralemann

1. Auflage, 2024 Frank Kralemann
© 2024 Alle Rechte vorbehalten.
Herstellung und Verlag:
BoD - Books on Demand, Norderstedt

ISBN: 9783758374371

Inhaltsverzeichnis
  9
Einleitung 9
  12
  12
  12
  12
  12
November allein 13
Ich halte Dich 15
Allein im Restaurant 17
Der Kuss 19
Trauer 21
Die Nacht 22
Sonntagsmorgen 24
Feuer unter der Haut 25
  26
Dicht 26
Vertrauen 28
  30
Freuden der Liebe 31
  32
Sommerregen 33

Freudentanz 35

Sonnengedanken 37

Sonne 39

Der Norden 40

41

Pausen 42

Jahreszeiten-Quartett 44

Herbstgedanken 46

Lebensorte 48

Zeit-Nuancen 51

Urlaub 54

Nordseeurlaub 56

Entscheidungen 58

Mut 60

Geduld 63

Genießen 65

Wartender Genuss 67

Salzige Hitze 68

Nordsee-Zauber 70

71

Nordsee-Träume 72

Brummige Liebeserklärung 73

Liebeskreise 75

Grauer Tag 77

Amor Fati 79

80

Das Spiel 81

Ich bin der Fels 83

Kindheit 84

Glücksuche 86

Stille Lügen 87

Wagnis 90

Jetzt 93

Die Ausrede. 95

Angstfresser 96

Selbstbetrug 99

Aushalten 100

Mohnblumenfeuer 101

Denken 104

Friedhofslehren 106

Machtlose Wut 108

Morgenrot 110

Die Nacht 111

Geld 113

Grundfarben 114

Schlechte Stimmung 116

Anfangen und Enden 118

Sinn 121

```
Montagmorgen    122
Flüssige Träume    124
Requiem der Liebe    126
Alltags-Arithmetik  128
Ewigkeit  129
Glücksuche      130
Loslassen 131
Bewusstsein     131
```

Einleitung

Lieber Leser, liebe Leserin,

stell dir vor, du hast gerade eine Tasse deines Lieblingsgetränks in der Hand und sitzt in deinem gemütlichsten Sessel. Vor dir liegt ein kleiner, feiner Gedichtband mit dem verheißungsvollen Titel „Herzensklänge, Gedichte vom Leben und Lieben". Du bist neugierig, was dich erwartet, nicht wahr?

Nun, mein Freund, dieses Buch habe ich geschrieben, als ob ich dir gegenüber sitzen würde – als Freund, der mit dir über die Höhen und Tiefen des Lebens plaudert. In diesen Seiten findest du Gedichte, die die Liebe feiern, die Trauer umarmen und den Alltag mit einem Augenzwinkern betrachten. Kurz gesagt, sie spiegeln all die Facetten des menschlichen Lebens wider, die uns alle bewegen.

Es ist, als würde ich dir eine Geschichte erzählen, die wir beide kennen. Eine Geschichte, die von den süßen und sauren Momenten des Lebens handelt, von den

Träumen, die uns beflügeln, und den Herausforderungen, die uns wachsen lassen. Also, lass uns zusammen lachen, weinen und nachdenken, während du diese Gedichte liest. Denn dieses Buch ist für dich, mein lieber Freund, geschrieben.

Mach es dir gemütlich, blättere durch die Seiten und lass uns gemeinsam in die Welt der „Herzensklänge" eintauchen. Viel Vergnügen!

November allein

Grauer Himmel, schwer wie Blei
    Hängt über den kahlen Ästen
    Die Welt schrumpft zusammen
    Zu einem Punkt aus Einsamkeit

Nebel kriecht durch die Straßen
    Verschluckt Häuser und Menschen
    Nur meine Schritte hallen
    In dieser wattierten Stille

Die Tage werden kürzer
    Wie abgeschnittene Fäden
    An denen noch Träume hängen
    Von Sommern, die nie kommen werden

In meinem Zimmer tickt die Uhr
    Zählt Sekunden wie Perlen
    Auf einer endlosen Schnur
    Die sich um meine Kehle legt

Draußen fallen Blätter
    Wie ungeschriebene Briefe
    Ich sammle sie auf, lese
    Zwischen den verwelkten Zeilen

November tropft von den Dachrinnen
    Ein monotoner Gesang
    Der von Verlusten erzählt
    Und von Wunden, die nie heilen

Ich stehe am Fenster
    Mein Atem malt Bilder auf die Scheibe
    Flüchtige Kunstwerke
    Die zerfließen wie meine Gedanken

In dieser grauen Einsamkeit
    Werde ich durchsichtig
    Ein Geist, der durch die Räume wandert
    Auf der Suche nach verlorener Wärme

Ich halte Dich

In der Dämmerung zwischen Traum und Wachen
    Halte ich dich
    Wie man eine Flamme hält
    Zerbrechlich und verzehrend zugleich

Meine Arme sind Ufer
    Die dein wildes Meer umschließen
    Du drohst überzufließen
    Und ich zu ertrinken

Ich halte dich
   Wie man eine Frage hält
   Die keine Antwort braucht
   Aber alle Gewissheiten erschüttert

Dein Atem an meinem Hals
   Ist ein Gedicht in einer fremden Sprache
   Das ich nicht verstehe
   Aber tief in meinen Knochen spüre

Ich halte dich
   Und werde gehalten
   Von der Schwerkraft deiner Nähe
   Die mich an diesen Moment kettet

Zwischen uns wächst die Zeit
   Wie eine Mauer aus Glas
   Ich sehe dich
   Aber kann dich nicht erreichen

Ich halte dich
    Bis meine Arme zu Flügeln werden
    Und du entschwindest
    In den Himmel meiner Erinnerung

Allein im Restaurant

Weiße Tischdecke, starr wie Schnee
    Besteck glänzt kalt im Kerzenschein
    Die leere Stuhllehne gegenüber
    Starrt mich an, stumm und steinern

Kellner huschen vorbei
    Ihre Blicke streifen mich flüchtig
    Wie Vögel, die sich nicht niederlassen wollen
    Auf dem kahlen Ast meiner Einsamkeit

Die Suppe dampft, ein trüber Spiegel
In dem ich mein zerfließendes Gesicht sehe
Jeder Löffel eine Frage
Die unbeantwortet bleibt

Um mich herum Stimmengewirr
Lachen und Gläserklirren
Doch ich sitze in einer Blase aus Stille
Die kein Geräusch durchdringen kann

Der Wein schmeckt nach verlorenen Möglichkeiten
Nach Gesprächen, die nie geführt wurden
Nach Händen, die sich nicht berühren

Als das Dessert kommt
Ist es zu süß und zu bitter zugleich

Wie eine Erinnerung an Glück

Ich zahle und gehe
    Hinterlasse nichts als
    Den Abdruck meiner Abwesenheit
    Auf einem Stuhl, der niemanden vermisst

Der Kuss

In der Stille zwischen den Worten
    Wo die Schatten der Gedanken tanzen
    Berühren sich unsere Lippen

Ein Funke springt über
    Entzündet ein Feuer in den Adern
    Das die Zeit verbrennt

Wir fallen

Durch Schichten der Realität
In einen Abgrund aus Sehnsucht

Die Welt zerbricht und fügt sich neu zusammen
In diesem flüchtigen Moment
Zwischen Sein und Nichtsein

Deine Zunge erforscht meine Grenzen
Löst sie auf wie Salz im Meer
Wir werden grenzenlos

Im Kuss verliere ich mich
Und finde mich wieder
In deinem Atem, deinem Geschmack

Wir küssen uns
Und werden zu Worten eines Gedichts
Das niemand je lesen wird

Trauer

Sie kommt ungebeten
　Schleicht sich ein durch die Ritzen der Seele

Ein schwerer Mantel
　Der sich um die Schultern legt
　Und das Atmen erschwert

Trauer färbt die Welt grau
　Lässt Erinnerungen aufsteigen
　Wie Blasen in stillem Wasser

Sie ist eine treue Begleiterin
　Die nicht weichen will
　Auch wenn man sie fortschickt

Doch in ihrer Tiefe
   Liegt auch Heilung verborgen
   Wie ein Samenkorn im dunklen Erdreich

Trauer lehrt uns
   Den Wert des Verlorenen
   Und die Kostbarkeit des Lebens

Die Nacht

Dunkelheit umhüllt uns
   wie eine sanfte Decke
   Stille flüstert Geheimnisse in unsere Ohren

Sterne funkeln am samtenen Himmel
   Träume erwachen
   wenn die Welt schläft

Die Nacht birgt Ängste und Hoffnungen
   vereint Liebende
   und Einsame gleichermaßen

Sie ist Zuflucht
   und Abgrund zugleich
   ein Spiegel unserer Seele
   in den wir blicken

Bis der Morgen die Schatten vertreibt
   und wir erwachen
   aus dem nächtlichen Zauber

Sonntagsmorgen

Zwischen Laken und Liebe dehnt sich der Morgen
Wie eine Katze in der Sonne faul und zufrieden
Deine Haare auf dem Kissen ein Labyrinth aus Zärtlichkeit in dem ich mich verliere, ohne gefunden werden zu wollen
Die Welt draußen wartet aber wir haben beschlossen sie warten zu lassen
Zeit ist heute unser Komplize
Deine Haut unter meinen Fingern eine Landkarte des Vertrauten jede Narbe eine Geschichte, die ich auswendig kenne
Worte sind überflüssig in diesem Reich der Berührungen wo Blicke Gedichte sind und Seufzer Symphonien

Die Uhr tickt irgendwo aber ihr Rhythmus hat keine Macht über diesen zeitlosen Raum, den wir erschaffen haben

Sonntag im Bett mit dir ist wie ein Tresor der Intimität in dem wir unsere Liebe bewahren vor den Dieben des Alltags

Feuer unter der Haut

Deine Berührung - ein Funke, der mich entzündet. Flammen züngeln durch meine Adern, verzehren mich von innen.

Leidenschaft - ein wildes Tier, das sich losreißt.

Es brüllt, es tobt, es verschlingt. Vernunft schmilzt dahin.

Begehren - süßes Gift, das mich berauscht. Ich trinke gierig, will mehr, kann nicht genug bekommen. Unsere Körper - zwei Fackeln in der Nacht. Sie lodern, sie tanzen, bis nur noch Asche bleibt. Doch aus der Glut erhebt sich der Phönix der Lust.

Immer wieder neu geboren, unsterblich wie die Liebe selbst.

Dicht

Deine Wärme
   meine Wärme
   verschmelzen

Dein Atem
  mein Atem
  ein Rhythmus

Deine Haut
  meine Haut
  kein Zwischenraum

Dein Herzschlag
  mein Herzschlag
  ein Tanz

Deine Gedanken
  meine Gedanken
  lautlos geteilt

Dein Sein
  mein Sein
  untrennbar verwoben

So nah
    dass die Grenzen verschwimmen
    Ich in dir
    Du in mir
    Wir
    Eins

Dicht
    so dicht
    dass selbst die Zeit
    den Atem anhält

Vertrauen

Es ist
    den Schlüssel zu deinem Herzen
    in meine Hände zu legen

Es ist
    die Augen zu schließen
    und zu fallen
    wissend
    dass ich dich auffange

Es ist
    Worte auszusprechen
    die verwunden könnten
    und zu wissen
    sie werden gehört

Es ist
    Stille zu teilen
    ohne sie füllen zu müssen

Es ist
    die Maske abzunehmen
    und sich zeigen

wie man wirklich ist

Es ist
    ein Sprung ins Ungewisse
    Hand in Hand
    mit der Gewissheit
    dass wir gemeinsam landen werden

Vertrauen
    zerbrechlich wie Glas
    unzerstörbar wie Diamanten
    das Fundament
    auf dem wir bauen

Freuden der Liebe

Deine Hand in meiner
　Ein Blick, der tiefer geht
　als alle Worte

Dein Lachen Funken im Herbstlaub
　Wärme im Winter

Gemeinsam schweigen
　Die Stille zwischen uns
　voller Melodien

Berührungen zart wie Schmetterlingsflügel
　stark wie Wurzeln

In deinen Armen

bin ich Zuhause
und auf Reisen zugleich

Liebe
  unberechenbar wie das Meer
  beständig wie Felsen

Zwei Herzen im Gleichklang
  Ein Tanz ohne Schritte
  Ein Lied ohne Ende

Sommerregen

Sommerregen ist ein Widerspruch
    Eine kühle Überraschung
    in der Hitze des Tages
    Ein flüssiges Paradox

Er fällt wie Erinnerungen
    Unerwartet und sanft
    Wäscht den Staub von den Blättern
    Und von unseren Gedanken

Dampf steigt von warmem Asphalt
    Wie Seufzer der Erleichterung
    Die Welt hält den Atem an
    In diesem Zwischenspiel der Elemente

Kinder tanzen barfuß
    In Pfützen voller Himmel
    Ihre Lachen perlen
    Wie die Tropfen von den Dachrinnen

Der Regen singt ein Sommerlied
    Auf den Dächern und Fensterbrettern
    Eine flüchtige Melodie
    Die nur die Träumer verstehen

Er ist ein Vorhang aus Wasser
    Der für einen Moment
    Die Welt in Zeitlupe verwandelt
    Und uns innehalten lässt

Sommerregen ist eine Erinnerung
    An die Vergänglichkeit der Jahreszeiten
    Ein nasses Versprechen
    Dass nichts für immer bleibt

Freudentanz

Freude ist kein lautes Lachen
    Sie ist ein leises Lächeln
    das von innen kommt
    wie Sonnenlicht durch Wolken

Sie braucht keine Gründe
    um zu sein
    Sie ist einfach da
    wie die Luft zum Atmen

Freude ist ein scheuer Vogel
    der sich nicht fangen lässt
    Aber wenn du ganz still bist
    setzt er sich auf deine Schulter

Sie ist kein Dauerzustand
   sondern ein Augenblick
   der die Zeit aufhebt
   und die Ewigkeit berührt

Freude ist ansteckend
   wie ein Gähnen
   Sie springt von Herz zu Herz
   und macht die Welt ein bisschen heller

Sie ist ein Funke
   in der Asche des Alltags
   Ein Tanz auf den Trümmern
   unserer Enttäuschungen

Freude ist ein Widerstand
   gegen die Schwerkraft der Sorgen
   Ein leichtes Sein
   in einer schweren Welt

Sie ist ein Geschenk
   das wir uns selbst machen
   Wenn wir den Mut haben
   die Dunkelheit loszulassen

Sonnengedanken

Die Sonne ist ein Versprechen
   das der Himmel jeden Morgen erneuert
   Ein Ja zum Leben
   das die Nacht nicht auslöschen kann

Sie ist älter als unsere Ängste
   und wird auch unsere Hoffnungen überdauern
   Eine brennende Erinnerung
   an den Ursprung allen Seins

Die Sonne kennt keine Grenzen
    Sie scheint auf Gerechte und Ungerechte
    Eine kosmische Demokratin
    die nicht nach Pässen fragt

Sie ist eine Künstlerin
    die mit Licht und Schatten malt
    Jeder Tag ein neues Meisterwerk
    das im Abendrot verglüht

Die Sonne ist eine strenge Lehrerin
    Sie zeigt uns unsere Vergänglichkeit
    In ihrem Licht werden wir transparent
    durchschaubar wie unsere Ausreden

Doch sie ist auch eine zärtliche Geliebte
    die unsere Haut mit Wärme streichelt
    Ein feuriger Kuss
    der das Eis in unseren Herzen schmilzt

Die Sonne ist
    was wir nicht sein können:
    Beständig und wandelbar zugleich
    Ein ewiger Widerspruch am Firmament

Sonne

Du bist da
    auch wenn Wolken dich verhüllen

Du wärmst
    auch wenn wir frieren

Du leuchtest
    auch in dunkelster Nacht

Du gibst Leben
   auch wenn wir es nicht sehen

Du bist Anfang
   und Ende zugleich

Unermüdlich
   unbeirrt
   unverzichtbar

Sonne

Der Norden

Der Norden ist nicht nur eine Himmelsrichtung, er ist eine Geisteshaltung.
   Hier umarmt der Wind dich wie ein alter Freund, rau aber ehrlich.

Weite Horizonte dehnen die Seele, bis sie über sich hinauswächst.

In der Kargheit der Landschaft liegt ein Reichtum, den nur die Stillen hören.

Meer und Himmel verschwimmen am Rand der Welt, wo Träume zu Möwen werden.

Der Norden ist ein Spiegel, in dem wir uns selbst begegnen, nackt und wahr wie die Natur um uns.

Pausen

Pausen sind Atemzüge
    zwischen den Worten des Lebens
    Stille Räume
    in denen Gedanken wachsen

Eine Pause ist kein Nichtstun
    Sie ist ein Innehalten
    Ein Lauschen
    auf das, was nicht gesagt wird

Pausen sind Oasen
    in der Wüste der Hektik
    Wo wir uns erinnern
    dass wir mehr sind als unsere Arbeit

Zwischen zwei Tönen
   liegt die ganze Musik
   Zwischen zwei Herzschlägen
   die ganze Liebe

Pausen sind Brücken
   über den Abgrund der Erschöpfung
   Zerbrechlich und notwendig
   wie das Vertrauen

Wer keine Pausen macht
   verliert den Rhythmus
   Wird zum Getriebenen
   im Hamsterrad der Zeit

Pausen sind Geschenke
   die wir uns selbst machen
   Momente der Besinnung
   in einer Welt, die nie schweigt

In der Pause
   zwischen Einatmen und Ausatmen
   liegt das Geheimnis
   des Gleichgewichts

Jahreszeiten-Quartett

Frühling ist ein Versprechen
   das die Natur sich selbst gibt
   Knospen platzen wie Hoffnungen
   Leben bricht durch die Kruste des Winters

Sommer ist ein Rausch
   der uns glauben lässt
   die Zeit stünde still
   wie die Hitze über dem Asphalt

Herbst ist ein Magier
 der Vergänglichkeit in Schönheit verwandelt
 Blätter fallen wie Erinnerungen
 bunt und unwiederbringlich

Winter ist ein Philosoph
 der uns lehrt
 dass Stille auch eine Antwort sein kann
 auf die Fragen des Lebens

Die Jahreszeiten sind ein Kreislauf
 wie Geburt und Tod
 wie Liebe und Verlust
 wie du und ich

Jede Jahreszeit trägt die nächste in sich
 wie wir unsere Zukunft in uns tragen
 ohne sie zu kennen

aber bereit sie zu leben

Wir sind Gefangene der Zeit
   und doch frei
   in jeder Jahreszeit
   uns selbst neu zu erfinden

Herbstgedanken

Der Herbst ist ein Maler
   der mit goldenen Pinselstrichen
   die Welt in Brand setzt
   bevor der Winter sie löscht

Blätter fallen
   wie unausgesprochene Worte
   zwischen zwei Menschen

die sich nichts mehr zu sagen haben

Die Luft riecht nach Vergänglichkeit
   und nach Äpfeln
   süß und herb zugleich
   wie die Erinnerung an die erste Liebe

Nebel verhüllt die Landschaft
   wie Zweifel den klaren Gedanken
   Wir tasten uns vorwärts
   in einer Welt ohne Konturen

Der Herbst ist ein Seiltänzer
   balancierend zwischen
   Fülle und Verlust
   Ernte und Abschied

Zugvögel am Himmel
   zeichnen Fragezeichen
   in die Wolken

Bleiben oder Gehen?

In diesem Zwischenreich der Jahreszeiten
   werden wir uns unserer eigenen
   Vergänglichkeit bewusst
   und lieben das Leben umso mehr

Der Herbst lehrt uns
   loszulassen
   um Platz zu machen
   für das was kommt

Lebensorte

Orte sind Bühnen
   auf denen wir
   unsere Lebensrollen spielen

Hauptdarsteller und Statisten zugleich

Manche Orte sind Anker
　die uns festhalten
　andere sind Sprungbretter
　in unbekannte Gewässer

Ein Zuhause ist mehr
　als vier Wände und ein Dach
　Es ist ein Gefühl
　das wir in uns tragen

Arbeitsplätze sind Schlachtfelder
　wo wir täglich kämpfen
　gegen die Windmühlen
　unserer Ambitionen

Lieblingsorte sind Inseln
　im Meer des Alltags
　Zuflucht und Kraftquelle

für müde Seelen

Fremde Orte sind Spiegel
   die uns zeigen
   wer wir sein könnten
   wenn wir uns trauen

Verlorene Orte sind Geister
   die uns heimsuchen
   in stillen Momenten
   mit bittersüßer Nostalgie

Orte der Kindheit
   bleiben in uns
   wie alte Narben
   die manchmal noch schmerzen

Jeder Ort ist eine Geschichte
   die wir uns selbst erzählen
   um zu verstehen

wer wir sind und wohin wir gehen

Orte kommen und gehen
    wie Menschen in unserem Leben
    Doch die Wichtigsten
    tragen wir immer bei uns

Zeit-Nuancen

Zeit ist kein Fluss
    Sie ist ein Ozean
    In dem wir schwimmen
    Ohne Ufer zu sehen

Zeit ist keine Linie
    Sie ist ein Netz

Vergangenheit und Zukunft
Verwoben im Jetzt

Zeit ist kein Tyrann
   Sie ist ein Spiegel
   Der uns zeigt
   Wer wir geworden sind

Zeit heilt nicht alle Wunden
   Sie macht sie sichtbar
   Narben der Erinnerung
   Auf der Haut unserer Seele

Zeit ist kein Besitz
   Sie ist eine Leihgabe
   Jeder Augenblick
   Ein geborgter Schatz

Zeit ist keine Konstante
   Sie ist dehnbar wie Kaugummi

In der Langeweile zäh
Im Glück flüchtig

Zeit ist kein Feind
   Sie ist eine Lehrerin
   Die uns lehrt
   Loszulassen und festzuhalten

Zeit ist keine Illusion
   Sie ist die einzige Realität
   Die wir haben
   Zwischen Geburt und Tod

Zeit ist das, was wir sind
   Wenn wir aufhören
   Zu sein was wir glauben
   Sein zu müssen

Urlaub

Urlaub ist eine Lücke
    im dichten Gewebe der Zeit
    Ein Atemholen
    zwischen den Pflichten

Koffer packen
    Erwartungen einpacken
    Sorgen zurücklassen
    (oder heimlich mitnehmen)

Fremde Orte
    werden für kurze Zeit Heimat
    Fremde Menschen
    werden flüchtige Freunde

Die Uhr verliert ihre Macht
   Tage dehnen sich
   wie Kaugummi
   oder fliegen wie Wolken

Urlaub ist ein Spiegel
   der uns zeigt
   wer wir sind
   wenn wir nicht sein müssen

Erinnerungen sammeln
   wie Muscheln am Strand
   Momente einfangen
   die länger halten als der Sonnenbrand

Urlaub ist ein Versprechen
   das nie ganz erfüllt wird
   Eine Sehnsucht
   die sich selbst nährt

Zurückkehren
   mit vollem Herzen
   und leerer Brieftasche
   Reich an Erfahrungen, arm an Alltag

Nordseeurlaub

Salzige Luft küsst die Haut
   Möwen schreien Freiheit
   Der Himmel ein endloses Blau
   oder eine graue Decke

Watt und Wellen
   ein ewiges Spiel
   von Kommen und Gehen
   wie die Zeit selbst

Strandkörbe wie Inseln
    in einem Meer aus Sand
    Zuflucht vor Wind und Wetter
    und vor sich selbst

Muschelsucher am Strand
    sammeln Erinnerungen
    an vergangene Leben
    und vergessene Träume

Deiche trotzen der Flut
    wie wir dem Alltag trotzen
    Eine Woche lang Held sein
    gegen die Gezeiten des Lebens

Leuchtturm in der Ferne
    Orientierung oder Sehnsucht?
    Manchmal beides
    wie die Liebe

Urlaub an der Nordsee
   ist wie ein tiefer Atemzug
   zwischen zwei Gedanken
   Pause vom Leben und doch ganz lebendig

Entscheidungen

Entscheidungen sind Weggabelungen
   des Lebens
   Jede Wahl ein Pfad
   den wir betreten oder verlassen

Nicht zu entscheiden
   ist auch eine Entscheidung
   Ein Verharren im Zwischenraum
   wo Möglichkeiten verblassen

Entscheidungen sind Schöpfungsakte
   Wir erschaffen uns selbst
   mit jedem Ja und jedem Nein
   Werden, wer wir sein könnten

Zu zögern heißt
   die Zeit entscheiden zu lassen
   Doch die Zeit ist stumm
   kennt weder dein Herz noch deine Träume

Entscheidungen sind Mosaiksteine
   unserer Existenz
   Jede Wahl ein Farbton
   im Bild unseres Seins

Nicht alle Entscheidungen sind richtig
   Aber alle sind wichtig
   Sie formen uns

wie Wasser den Stein formt

Entscheidungen sind Freiheit
   und Last zugleich
   Die Bürde der Verantwortung
   und das Geschenk der Selbstbestimmung

Zu entscheiden heißt zu leben
   Bewusst und aktiv
   Den Fluss des Schicksals lenken
   statt sich treiben zu lassen

Mut

Mut ist nicht die Abwesenheit von Angst
   Mut ist die Entscheidung
   dass etwas wichtiger ist

als die Angst

Mut ist kein lauter Schrei
   Mut ist ein leises Flüstern
   das sagt: Ich versuche es
   trotzdem

Mut trägt viele Gesichter
   Er ist das Kind, das aufsteht
   nachdem es gefallen ist
   Er ist der Alte, der loslässt

Mut ist keine Medaille
   die man sich anheftet
   Mut ist eine unsichtbare Narbe
   die man mit Stolz trägt

Mut heißt nicht furchtlos zu sein
   Mut heißt zu zittern
   und dennoch den ersten Schritt zu tun

ins Ungewisse

Mut ist kein Einzelgänger
   Er braucht Gefährten:
   Die Hoffnung, die ihm Flügel verleiht
   Die Liebe die ihn nährt

Mut ist keine Garantie für Erfolg
   Aber ohne Mut
   gibt es keinen Anfang
   und kein Ende

Mut ist ein Muskel
   der wächst, wenn man ihn benutzt
   Ein Same der aufgeht
   wenn man ihn mit Tränen gießt

Geduld

Geduld ist kein Warten
   Sie ist ein Wachsen
   Still und beharrlich
   Wie ein Baum der Jahresringe ansetzt

Geduld ist keine Passivität
   Sie ist eine Kraft
   Sanft und unermüdlich
   Wie Wasser das Steine höhlt

Geduld kennt keine Eile
   Sie kennt nur den Rhythmus der Zeit
   Den Atem zwischen den Herzschlägen
   Das Schweigen zwischen den Worten

Geduld ist keine Schwäche
   Sie ist eine Stärke
   Die Fähigkeit auszuhalten
   Was nicht zu ändern ist

Geduld hat viele Gesichter
   Sie ist die Mutter, die ihr Kind tröstet
   Der Gärtner der seine Saat hegt
   Der Liebende, der auf Erwiderung hofft

Geduld ist ein Vertrauen
   In das, was kommen wird
   Ein Ja zum Unvollendeten
   Eine Brücke über den Abgrund der Angst

Geduld ist eine Tugend
   Die man nicht lernen kann
   Man kann sie nur üben
   Jeden Tag aufs Neue

Genießen

Genießen ist eine Kunst
    die keiner Worte bedarf
    Stumm wie ein Kuss
    Laut wie ein Herzschlag

Es ist das Innehalten
    zwischen zwei Atemzügen
    Das Verweilen
    am Rande der Zeit

Genießen heißt
    den Moment auskosten
    bis auf den letzten Tropfen
    und dann loslassen

Es ist die Gabe
  nichts zu wollen
  als das, was ist
  hier und jetzt

Genießen kann man
  einen Sonnenstrahl
  eine Berührung
  oder die Stille

Es ist ein Tanz
  mit geschlossenen Augen
  ein Fall
  in weiche Arme

Genießen ist einfach
  und doch so schwer
  in einer Welt
  die immer mehr will

Es ist der Mut
   zu verweilen
   wenn alles drängt
   weiterzugehen

Wartender Genuss

Warten ist Vorfreude, die auf der Zunge tanzt.

Erwartung, die den Gaumen kitzelt, noch bevor der erste Bissen fällt.

Zeit dehnt sich, wird zur süßen Qual.

Minuten tropfen langsam, wie Honig von einem Löffel.

Der Duft umschmeichelt, neckt die Sinne. Verspricht mehr, als er je halten kann.

Warten schärft die Wahrnehmung, macht hungrig nach Leben.

Jeder Moment ein Vorgericht, das die Seele nährt.

Genuss braucht Zeit, wie die Liebe Geduld braucht.

Eile verdirbt den Geschmack, wie Zweifel das Herz.

Wer zu warten versteht, genießt doppelt: einmal in der Vorstellung, einmal in der Wirklichkeit.

Doch Vorsicht: Zu langes Warten lässt auch den süßesten Genuss bitter werden.

Salzige Hitze

Die Sonne brennt unbarmherzig, schmilzt Gedanken zu Träumen.

Sand rieselt durch Finger, Zeit durch Stunden.

Wellen flüstern Geheimnisse, die nur das Meer versteht.

Möwen schreien Freiheit, die wir nie erreichen.

Schweiß perlt, Salz kristallisiert auf der Haut.

Schatten tanzen, Konturen verschwimmen. In der Ferne ein Schiff - Sehnsuchtsanker oder Fluchtpunkt?

Die Hitze lässt alles zu einer Fata Morgana werden. Nur das Meer bleibt beständig, wiegt uns in seinem Rhythmus. Nimmt und gibt, wie die Liebe.

Nordsee-Zauber

Weites Land, endloser Horizont
    Wo Himmel und Meer verschmelzen
    Wattenmeer, Ebbe und Flut
    Zeit atmet hier anders

Salzige Luft küsst die Haut
    Möwen schreiben Freiheit in den Wind
    Leuchtturm, stiller Wächter
    Zeigt Schiffen und Seelen den Weg

Deichgras wiegt sich im Takt
    Eines uralten Liedes
    Priele zeichnen Muster in den Sand
    Vergänglich wie unsere Spuren

Abends, wenn die Sonne ins Meer taucht
    Malt sie den Himmel in Flammen
    Hier, an der Kante des Landes
    Begegnen sich Mensch und Unendlichkeit

Nordsee, du raue Schönheit
    Formst Land und Leute
    In deiner Weite finde ich mich

Nordsee-Träume

Salzige Luft streicht über Haut,
    Möwen kreischen ihre Freiheit.
    Im Hotel Mingers geborgen,
    Blicke schweifen übers Meer.

Wellen flüstern alte Geschichten,
    Sand knirscht unter müden Füßen.
    Sonne malt Goldstreifen aufs Wasser,
    Zeit verrinnt wie Ebbe und Flut.

Hier, wo Himmel und Erde sich küssen,
    Finden Herzen zueinander.
    In Neuharlingersiel verweilen,
    Wo Sehnsucht und Erfüllung wohnen.

Liebe wächst wie Dünengras,
    Verwurzelt in salziger Erde.
    Urlaub - mehr als nur ein Wort,
    Ein Zustand zwischen Traum und Sein

Brummige Liebeserklärung

Ich bin kein Mann der großen Worte
    Du weißt das
    Ich brumme lieber vor mich hin
    als zu reden

Aber heute
    will ich dir sagen
    was ich sonst verschweige:

Ich liebe dich
    auch wenn ich's selten zeige

Du bist mein Honig
    in diesem Wald voller Bäume
    Meine Höhle
    in der kalten Welt da draußen

Dein Lächeln
    wärmt mich mehr
    als tausend Sonnen

Wenn du nicht wärst
    wäre mein Brummen
    nur leeres Geräusch

Mit dir
    hat mein Grummeln einen Sinn
    Denn du verstehst
    was ich nicht sagen kann

Ich liebe dich

so wie ein Brummbär eben liebt:
Tapsig, unbeholfen
aber mit ganzem Herzen

Liebeskreise

I. Leise erwacht es, ein Flüstern im Blut, zart wie Morgentau auf unberührten Blüten. Augen treffen sich, und die Welt hält den Atem an.

II. Dann: Wahnsinn. Leidenschaft, ein verzehrendes Feuer, lodert in jeder Faser. Wir verbrennen, und aus der Asche steigen wir, Phönixe der Begierde.

III. Glut, die alles verschlingt, Haut an Haut, Seele in Seele verschmolzen. Zeit zerfließt, Grenzen lösen sich auf, wir sind eins und alles.

IV. Doch die Flamme erlischt. Stille kriecht ein, kalt wie Grabsteine. Wo einst Feuer war, bleibt nur Asche, und Erinnerungen erstarren.

V. Liebe und Hass, zwei Seiten einer Münze, drehen sich im ewigen Tanz. Wir klammern und stoßen ab, zerrissen zwischen Sehnsucht und Abscheu.

VI. Am Ende steht sie da: Ewige Liebe, gewachsen aus Prüfungen, gestärkt durch Stürme. Sie flüstert leise:"Ich bleibe, ich bleibe."So drehen wir uns, im Kreislauf der Gefühle, fallen und steigen, sterben und leben. In jedem Ende ein Anfang, in jeder Liebe das ganze Universum

Grauer Tag

Die Sonne scheint
   und doch ist alles grau
   Ein Tag wie jeder andere
   bald vergessen

Was bleibt von den Stunden?
   Von den flüchtigen Momenten?
   Sie rinnen durch die Finger
   wie feiner Sand

Nichts Besonderes geschah
   Kein Lachen, keine Tränen
   Nur das stete Ticken der Uhr
   markiert die verrinnende Zeit

Was macht einen Tag unvergesslich?
    Vielleicht ein unerwartetes Lächeln
    Eine Berührung, zart wie Schmetterlingsflügel
    Ein Wort, das die Seele berührt

Doch dieser Tag versinkt im Meer der Erinnerung
    Grau und bedeutungslos
    Als hätte er nie existiert

Und morgen?
    Ein neuer Tag erwacht
    Voller Möglichkeiten
    Das Leben geht weiter

Amor Fati

Liebe dein Schicksal, sagen sie
   Als wäre es leicht
   Das Unausweichliche zu umarmen

Liebe die Wunden
   Die das Leben dir schlägt
   Und die Narben, die bleiben

Liebe den Schmerz
   Der dich formt
   Und die Freude, die folgt

Liebe das Ungewisse
   Das vor dir liegt

Und das Gewisse, das war

Liebe die Fesseln
    Die dich binden
    Und die Freiheit in ihnen

Liebe das Ende
    Das auf dich wartet
    Und den Anfang in jedem Moment

Liebe dein Schicksal
    Nicht weil es gut ist
    Sondern weil es deins ist

Das Spiel

Nicht du hast die Karten gemischt
   Nicht du hast die Regeln gemacht
   Doch du musst spielen

Mal Könige mal Buben in der Hand
   Mal Asse mal Nieten
   So läuft das Spiel

Gewinn oder Verlust
   sind nur Momente
   in einem größeren Spiel

Lächle wenn du gewinnst
   Lächle wenn du verlierst
   Das Lächeln ist dein Trumpf

Du kannst die Würfel nicht zwingen
    Aber deine Haltung bestimmen
    Während sie rollen

Dieses Spiel ist alles was du hast
    Kein Neustart kein Zurück
    Nur dieses eine Spiel

Also spiele
    Mit Anmut mit Würde
    Mit einem Lächeln im Herzen

Denn nicht der Sieg zählt
    Sondern wie du spielst
    In diesem Spiel namens Leben

Ich bin der Fels

Ich bin der Fels in der Brandung der Zweifel
   Standhaft und fest
   Unbeugsam im Sturm

Ich gehe voran
   Die Angst ist mein Schatten
    Doch mein Licht strahlt heller
   Mit jedem Schritt

Hindernisse sind Stufen
   Auf meiner Leiter zum Ziel
   Ich erklimme sie alle
   Mit Mut und Geduld

Nicht zögern, nicht zaudern
   Die Zeit ist jetzt
   Ich packe das Leben
   Mit beiden Händen

Ich bin die Kraft
   Die Berge versetzt
   Bin Wille und Tat
   Unbesiegbar im Jetzt

Kindheit

Kindheit ist ein Treppenhaus voller Wunder
jede Stufe ein neues Abenteuer.
   Eltern sind Geländer nicht Aufzüge

Sie stützen behutsam lassen los wenn nötig. Das Kind klettert, fällt steht auf entdeckt die Welt mit jedem Schritt.

Neugier ist der Motor Vertrauen das Fundament Liebe die tragende Wand. Eltern müssen aushalten zuschauen loslassen aber immer da sein wenn gerufen. Jedes Stolpern eine Lektion jeder Sturz ein Wachsen.

Kindheit ist ein Labyrinth aus Möglichkeiten Eltern sind der rote Faden nicht der Ausgang.

Freiheit braucht Grenzen

Grenzen brauchen Liebe

Liebe braucht Geduld.

Das Kind lernt durch Tun nicht durch Reden Eltern durch Zuhören nicht durch Befehlen.

Jede Stufe ist wichtig keine darf übersprungen werden.

Am Ende der Treppe wartet die Welt groß und weit das Kind bereit sie zu erobern

Dank der Stufen, die es erklommen hat.

Glücksuche

Du suchst das Glück und findest nur dich selbst

Du jagst dem Glück nach und es flieht vor dir

Du willst das Glück festhalten und es zerrinnt dir zwischen den Fingern

Du glaubst, das Glück zu kennen, und es bleibt dir fremd

Du gibst die Suche auf und das Glück findet dich Vergeblich?
Vielleicht war die Suche das Glück selbst

Stille Lügen

Sie sitzen am Tisch
   und schweigen
   Er liest die Zeitung
   Sie starrt in den Kaffee

Zwei Inseln
   im Meer der Einsamkeit
   verbunden durch eine Brücke
   aus Angst und Gewohnheit

Ihre Blicke treffen sich
   für einen Moment
   und weichen aus
   vor der Wahrheit

Die Liebe
   einst ein loderndes Feuer
   nun kalte Asche
   die sie nicht wegzukehren wagen

Jeder Tag
   eine stumme Wiederholung
   des Vergangenen
   Eine Flucht vor dem Morgen

Die Uhr tickt
   Minuten werden zu Jahren
   Leben verrinnt
   unbemerkt zwischen ihren Fingern

Und doch
klammern sie sich aneinander
wie Ertrinkende
an einen morschen Ast

Die Hoffnung
ein zarter Keim
wächst im Verborgenen
nährt sich von Träumen

Vielleicht
flüstern ihre Herzen
eines Tages
wird alles anders

Wagnis

Wer nicht wagt
    Der nicht gewinnt
    Wer nicht springt
    Wird nie fliegend

In einer Welt
    Die Grenzen hat
    Ist Stillstand
    Rückschritt

Risiko ist nicht die Gefahr
    Zu verlieren
    Sondern die Chance
    Zu leben

Wer nichts wagt
    Verliert alles
    Wer alles wagt
    Gewinnt sich selbst

Vorwärts gehen
    Heißt manchmal fallen
    Doch wer nie fällt
    Hat nie versucht zu gehen

Die Endlichkeit des Lebens
    Ist kein Grund zur Furcht
    Sondern ein Aufruf
    Jetzt zu handeln

Wage es
    Zu träumen
    Zu lieben
    Zu sein

Denn am Ende
> Bereuen wir nicht
> Was wir getan haben
> Sondern was wir nie wagten

In einer begrenzten Welt
> Ist Mut
> Die einzige
> Grenzenlose Ressource

Jetzt

Ist alles was wir haben
    Gestern ist Erinnerung
    Morgen nur Vermutung

Das Jetzt
    Ein flüchtiger Moment
    Kaum gedacht
    Schon vergangen

Wer in der Zukunft lebt
    Verpasst die Gegenwart
    Wer in der Vergangenheit verharrt
    Versäumt das Leben

Jetzt
    Ist der einzige Ort

An dem wir wirklich sind
Alles andere Illusion

Im Jetzt atmen
   Im Jetzt fühlen
   Im Jetzt lieben
   Im Jetzt leben

Die Uhr tickt
   Doch Zeit ist nur ein Konzept
   Das Jetzt kennt keine Stunden
   Nur ewige Präsenz

Wer immer im Jetzt ist
   Ist immer
   Wer nie im Jetzt ist
   War nie wirklich da

Jetzt
   Ist der Moment der Entscheidung

Jetzt
Ist der Moment des Lebens

Immer im Jetzt sein
  Heißt ewig sein
  In einer Welt
  Die ständig vergeht

Die Ausrede.

Sie lauert hinter jeder Ecke, flüstert süß: „Nicht heute, morgen." Ihre Mutter, die Faulheit, strickt ihr ein weiches Bett. Bequem ruht sich's im Nicht-Tun,
  im Aufschieben und Vermeiden.
  Doch wächst im Stillen die Schuld, nagt am Herzen das Versäumte.

Die Ausrede lächelt sanft, verspricht Freiheit ohne Mühen.

Aber ihre Ketten sind schwer, fesseln uns an die Mittelmäßigkeit.

Wer ihr glaubt, verliert sich selbst, Stück für Stück, Tag für Tag. Bis nur noch Schatten bleiben, vom Leben, das hätte sein können. Aufstehen! Handeln! Jetzt!

Das ist der Ruf des Lebens.

Die Ausrede zu entlarven, der erste Schritt zur Freiheit.

Angstfresser

Angst
  Ein hungriges Tier
  Nagt an der Seele
  Frisst Stück für Stück

Lähmung
 Breitet sich aus
 Wie Gift in den Adern
 Erstarrt den Geist

Gedanken kreisen
 Um sich selbst
 Ein Teufelskreis
 Ohne Ausgang

Die Welt schrumpft
 Auf die Größe der Furcht
 Möglichkeiten verschwinden
 Im Schlund der Angst

Wer Angst hat
 Lebt nicht
 Sondern wird gelebt
 Von seinen Ängsten

Freiheit
  Ein ferner Traum
  Unerreichbar
  Hinter Mauern aus Furcht

Angst ist ein Kerkermeister
  Der die Zelle
  In unseren Köpfen baut
  Und den Schlüssel versteckt

Doch wer erkennt
  Dass Angst nur Gedanken sind
  Kann die Tür öffnen
  Und frei sein

Angst frisst die Seele auf
  Aber nur
  Wenn wir ihr erlauben
  Zu bleiben und zu wachsen

Selbstbetrug

Wir lügen oft.

Den anderen.

Der Welt.

Doch die größte Lüge flüstern wir uns selbst zu.

Im Spiegel. Im Dunkeln."Ich kann nicht."Es ist zu spät."Ich bin, wer ich bin."Bequeme Worte.

Süße Gifte.

Sanfte Ketten. Wir umarmen unsere Grenzen, küssen unsere Ängste, heiraten unsere Ausreden.

Bis eines Tages der Schleier reißt, die Maske fällt.

Wir sehen uns.

Nackt. Wahr. Möglich.

Erschreckend?
Ja. Befreiend.
Die Lüge stirbt.
Wir werden geboren.
Wieder. Und wieder.
Selbstentwicklung: Ein ständiges Aufwachen aus dem Traum, den wir uns selbst erzählt haben.

Aushalten

Schwere Stunden, dunkle Nächte,
   wie Blei auf meiner Seele lasten.
Kein Licht am Horizont in Sicht,
   nur Schatten, die mich umfassen.
Ich trage diese Last allein,
   kein Engel kommt, mich zu erlösen.
Die Zeit steht still, kein vorwärts mehr,

Nur Ausharren im Bösen.
O Herz, du musst nun stark sein,
kein Trost wird dir gegeben.
Durchs Feuer musst du gehen,
um weiter noch zu leben.
So halte aus, mein müdes Ich,
auch wenn kein Morgen dämmert.

Die Prüfung formt dich härter noch,bis dich das Schicksal hämmert.

Im Aushalten liegt eine Kraft,die still in dir erwacht.

Sie trägt dich durch die Dunkelheit,
bis einst ein Stern dir lacht.

Mohnblumenfeuer

Rot wie Blut
    Rot wie Liebe

Rot wie Revolution
Mohnblumen brennen

Zart und doch stark
   Brechen sie durch Asphalt
   Trotzen dem Wind
   Tanzen im Regen

Ihre Schönheit Ist vergänglich
   Doch gerade deshalb
   So kostbar

Sie erinnern uns
   An die Kraft des Lebens
   Das sich durchsetzt
   Gegen alle Widerstände

Mohnblumen sind Rebellen
   In einem Meer von Grün
   Sie rufen: Schau mich an!

Ich bin hier, ich lebe!

Ihre Farbe schreit
　Was andere flüstern
　Von Leidenschaft und Mut
　Von Freiheit und Wildheit

Wer Mohnblumen sieht
　Kann nicht gleichgültig bleiben
　Sie fordern uns heraus
　Zu leben, zu lieben, zu brennen

Wie Flammen im Feld
　Vergänglich und ewig zugleich
　Lehren uns Mohnblumen
　Die Schönheit des Augenblicks

Denken

Gedanken kommen
    Gedanken gehen
    Sind sie wirklich meine
    Oder denken sie mich?

Denken ist gefährlich
    Sagen manche
    Doch gefährlicher noch
    Ist das Nicht-Denken

Zwischen zwei Gedanken
    Liegt eine Welt
    Unentdeckt
    Ungedacht

Wer denkt
   Ist nie allein
   Doch oft einsam
   In der Menge der Gedankenlosen

Denken schafft Grenzen
   Und sprengt sie zugleich
   Ein Paradox
   Das nur Denkende verstehen

Denke ich
   Also bin ich?
   Oder bin ich
   Also denke ich?

Denken ist ein Labyrinth
   Ohne Ausgang
   Doch wer nicht hineingeht
   Findet sich nie

Friedhofslehren

Steine flüstern
    Namen und Daten
    Stumme Mahner
    Des Unausweichlichen

Zwischen Gräbern
    Wächst das Leben
    Gras und Blumen
    Lachen der Vergänglichkeit

Wer hier wandelt
    Wird erinnert
    An die Frist
    Die jedem gesetzt

Doch ist's nicht Tod
    Der hier lehrt
    Sondern das Leben
    Das kostbarer wird

Carpe diem
    Rufen die Toten
    Den Lebenden zu
    In stummer Dringlichkeit

Nutze den Tag
    Liebe, lache, lebe
    Denn morgen schon
    Könnte dein Name hier stehen

Der Friedhof mahnt
    Nicht zu verzagen
    Sondern zu wagen
    Jetzt zu leben

Memento mori
    Heißt nicht fürchte den Tod
    Sondern schätze das Leben
    Solange du es hast

Machtlose Wut

Warum sich aufregen
    Über Dinge außer Reichweite?
    Windmühlen bekämpfen
    Macht müde, nicht frei

Der Regen fällt
    Ob du fluchst oder nicht
    Die Sonne scheint
    Ob du jubelst oder schweigst

Deine Wut ist ein Feuer
  Das nur dich verbrennt
  Die Welt dreht sich weiter
  Unbeeindruckt, unbedrängt

Lass los, was du nicht ändern kannst
  Nimm an, was dir begegnet
  Deine Kraft ist kostbar
  Verschwende sie nicht im Kampf gegen Wolken

Friede liegt im Annehmen
  Nicht im Aufbegehren
  Gegen das Unvermeidliche
  Ist Gelassenheit die wahre Stärke

Rege dich nicht auf
  Über das Unkontrollierbare
  Rege dich an
  Zu tun, was in deiner Macht liegt

Morgenrot

Zart erwacht der Tag
    Dunkelheit weicht
    Einem Hauch von Rosa

Die Nacht flüstert noch
    Doch die Sonne drängt
    Unaufhaltsam hervor

Hoffnung taucht die Welt
    In warmes Licht
    Neubeginn und Ende zugleich

Zwischen den Zeiten
    Schwebend
    Atmet die Erde auf

Was wird der Tag bringen?
    Das Morgenrot schweigt
    Und malt den Himmel rot

Die Nacht

Dunkel fällt
    Licht flieht
    Schatten wachsen

Stille brüllt
    Geräusche flüstern
    Zeit steht still

Träume erwachen
    Vernunft schläft
    Geheimnisse atmen

Sterne funkeln
   Mond lächelt
   Himmel öffnet sich

Liebende finden sich
   Einsame verlieren sich
   Gedanken wandern frei

Tag versteckt sich
   hinter Horizonten
   Nacht enthüllt
   was verborgen war

Dunkelheit
   nicht das Gegenteil von Licht
   sondern seine Pause
   seine Vorbereitung
   sein notwendiger Gegenspieler

Die Nacht
   Mutter aller Anfänge
   Wiege aller Enden
   ewiger Kreislauf
   des Werdens und Vergehens

Geld

Papier und Münzen wertlos an sich wertvoll durch Vereinbarung,
   Tür und Riegel zugleich
   Öffnet Möglichkeiten verschließt Herzen
   Macht in der Tasche
      Ohnmacht im Überfluss Hunger im Mangel
   Es kauft Dinge
   Aber keine Zeit
    Es erwirbt Häuser

Aber kein Zuhause
Geld vermehrt sich durch Zinsen
Liebe vermehrt sich durch Teilen
Reich ist wer wenig braucht
Arm ist wer nie genug hat
Geld regiert die Welt sagen sie.
Aber wer regiert das Geld?

Grundfarben

Rot wie Blut
   wie Liebe
   wie Revolution
   Rot schreit

Blau wie Himmel
   wie Meer
   wie Unendlichkeit
   Blau schweigt

Gelb wie Sonne
   wie Gold
   wie Wahrheit
   Gelb strahlt

Drei Farben
   unvereinbar
   und doch
   zusammen alles

Rot brennt
   Blau kühlt
   Gelb leuchtet
   Leben entsteht

Wer malt
   muss wählen
   Wer lebt
   mischt alle drei

Schlechte Stimmung

Wer ist schuld
   an meiner schlechten Laune?
   Der Regen?
   Der Montag?
   Die anderen?

Wer ist verantwortlich
   für meine gute Stimmung?
   Die Sonne?
   Der Freitag?
   Die Liebe?

Bin ich nur ein Blatt
   im Wind der Umstände
   hilflos treibend
   fremdbestimmt

von außen gesteuert?

Oder bin ich der Gärtner
   meiner inneren Landschaft
   der die Samen sät
   die Pflanzen gießt
   die Blüten pflückt?

Kann ich meine Stimmung wählen
   wie ein Kleidungsstück
   das ich anziehe
   oder ablege
   nach Belieben?

Oder ist sie ein wildes Tier
   das ich zähmen muss
   Tag für Tag
   mit Geduld und Verständnis
   und sanfter Führung?

Vielleicht ist die Antwort
    weder das eine noch das andere
    sondern beides
    und keines von beiden
    zugleich

Vielleicht bin ich
    Sowohl Schöpfer als auch Geschöpf
    meiner Stimmung
    verantwortlich und ausgeliefert
    in jedem Moment

Anfangen und Enden

Anfangen
    ist leicht wie ein Traum
    der uns morgens entgleitet

Fertigwerden
   ist schwer wie ein Berg
   den wir erklimmen müssen

Zwischen Anfang und Ende
   liegt der Weg
   den wir gehen müssen

Anfangen
   ist ein Versprechen
   das wir uns selbst geben

Fertigwerden
   ist ein Geschenk
   das wir uns selbst machen

Zwischen Versprechen und Geschenk
   liegt die Arbeit
   die wir tun müssen

Anfangen
   ohne zu enden
   ist, wie atmen, ohne auszuatmen

Fertigwerden
   ohne neu anzufangen
   ist, wie sterben, ohne gelebt zu haben

Zwischen Atem und Tod
   liegt das Leben
   das wir leben müssen

Anfangen und Fertigwerden
   sind zwei Seiten
   derselben Münze

Die Münze
   sind wir selbst
   in der Zeit

Sinn

Wer nach dem Sinn des Lebens fragt
    fragt nach etwas
    das nicht existiert
    bis wir es erschaffen

Das Universum schweigt
    die Sterne flüstern keine Geheimnisse
    der Wind trägt keine verborgenen Botschaften

Wir sind es
    die dem Schweigen eine Stimme geben
    die den Sternen Geschichten andichten
    die im Wind Melodien hören
    Der Sinn entsteht
    wenn wir unsere Hände ausstrecken

wenn wir unsere Herzen öffnen
wenn wir unseren Geist erweitern

Wir sind die Dichter unseres Lebens
die Maler unserer Erfahrungen
die Komponisten unserer Tage

Wenn wir einen Sinn brauchen
müssen wir ihn selbst erschaffen
denn nur wir können
unserem Leben Bedeutung geben

Montagmorgen

Das Rad erwacht,
der Hamster blinzelt nach der Nacht
Langsam rumpelt es wieder los,

die Woche startet, was für ein Los!
Müde Pfoten, doch Geist bereit,
zu treten in die neue Zeit.
Am Wochenende Kraft getankt,
jetzt wird das Rad wieder geschwankt.
Runde um Runde, immer im Kreis,
der Hamster gibt sich redlich Müh'.
Er denkt: „Ich bin kein müder Mops,Ich bin ein munterer Hamster-Tops!"
Das Rad, es dreht sich immer schneller,
Der Hamster wird zum Fortbeweger.
Er lacht und denkt: „Ist das nicht toll?
Mein Leben ist so wundervoll!"So treibt er froh sein Räderwerk,
Und macht die Arbeit sich zum Werk.
Denn wer da lacht, statt nur zu rennen, wird diese Woche Freude kennen.

Flüssige Träume

Im Glas schwimmen meine Ängste
   Lösen sich auf wie Eiswürfel
   in der bernsteinfarbenen Flut

Der erste Schluck
   eine Explosion auf der Zunge
   Feuerwerk in meinen Adern

Ich trinke die Nacht
   schlürfe die Stille
   berausche mich an Einsamkeit

Mit jedem Glas
   verschwimmen die Grenzen
   zwischen Freude und Verzweiflung

Meine Gedanken
 Fische in einem trüben Teich
 schnappen nach Luft

Im Spiegel der Flasche
 sehe ich mein verzerrtes Ich
 lächelnd und weinend zugleich

Die Welt dreht sich
 oder bin ich es
 die sich um die Flasche dreht?

Morgen werde ich aufwachen
 mit einem Kater aus Reue
 und dem Durst nach Vergessen

Doch heute Nacht
 bin ich Königin meines Untergangs
 gekrönt mit einem Kranz aus Weinlaub

In meinen Adern fließt
   flüssiger Mut
   flüssiges Vergessen
   flüssige Verzweiflung

Ich trinke
   bis die Welt ertrinkt
   in meinen ungeweinten Tränen

Requiem der Liebe

Deine Abwesenheit
   Ist lauter als Stille
   leerer als Leere

Erinnerungen tanzen
   wie Staub im Sonnenlicht
   vergänglich und ewig zugleich

Was bleibt, sind
   ungesagte Worte
   ungetane Taten

Die Liebe stirbt nicht
   sie verwandelt sich
   in einen Schatten unserer selbst

Wir trauern nicht um dich
   sondern um das Wir
   das nie mehr sein wird

Doch in jedem Herzschlag
   lebt ein Echo
   unserer gemeinsamen Zeit

So wird die Liebe
   zu ihrem eigenen Denkmal
   zeitlos und zerbrechlich

Alltags-Arithmetik

Montag plus Dienstag plus Mittwoch
  Gleich Woche
  Woche plus Woche plus Woche
  Gleich Monat
  Monat plus Monat plus Monat
  Gleich Jahr
  Kaffee plus Zeitung plus Arbeit
  Gleich Morgen
  Morgen plus Mittag plus Abend
  Gleich Tag
  Tag plus Tag plus Tag
  Gleich Leben?
  Seufzer plus Gähnen plus Schweigen
  Gleich Gespräch
  Gespräch plus Streit plus Versöhnung-
Gleich Beziehung

Beziehung plus Einsamkeit plus Routine
Gleich Existenz?
Hoffnung minus Enttäuschung
Gleich Traum
Traum geteilt durch Realität
Gleich Resignation
Resignation mal Gewohnheit
Gleich Alltag
Alltag plus Alltag plus Alltag
Gleich Leben
Leben minus Leben
Gleich null?
Oder: Leben mal Achtsamkeit
Gleich Wunder?

Ewigkeit

Ein Augenblick der nicht vergeht
  Ein Ende das keines ist

Eine Stille die alles sagt
Ein Alles das nichts bedeutet
Ewigkeit du bist der Traum von dem wir erwachen um ihn zu träumen

Glücksuche

Du suchst das Glück und findest nur dich selbst
Du jagst dem Glück nach und es flieht vor dir
Du willst das Glück festhalten und es zerrinnt dir zwischen den Fingern
Du glaubst das Glück zu kennen und es bleibt dir fremd
Du gibst die Suche auf und das Glück findet dich Vergeblich?
Vielleicht war die Suche das Glück selbst

Loslassen

Festhalten ist eine Form des Verlierens
Loslassen ist eine Form des Findens
Was du loslässt hinterlässt Spuren in deinen leeren Händen
Was du festhältst entgleitet dir durch geschlossene Finger
Loslassen ist schwerer als Festhalten und leichter zugleich
Vielleicht ist Loslassen die einzige Art wirklich zu haben

Bewusstsein

Du denkst also bist du Aber wer ist es der

denkt?

Du fühlst also lebst du

Aber was ist es das fühlt?

Du weißt dass du nichts weißt

Aber wer ist es der weiß?

Bewusstsein du bist der Spiegel, in dem wir uns sehen

Und zugleich das Auge, das in den Spiegel blickt